소소한
행복을 찾아서

시조사랑시인선 28

정진상
단시조 선집

소소한
행복을 찾아서

열린출판

■ 단시조 선집을 내면서

　인생 사계四季 중 입동立冬이 지나더니 이제는 제법 쌀쌀한 초겨울이 된 듯하다.
　꽃 피고 새 우는 희망의 새봄도, 짙어가는 녹음 속에 몸집을 불리느라 바빴던 여름도, 제법 자란 가을에 젖을 먹여 누릇누릇 익어갔던 살진 가을도 이젠 추억 속으로 가뭇없이 사라지는가 했더니 나도 모르는 사이에 내 안에는 나의 마지막 계절인 겨울이 하마 도착해 있다.
　순풍에 돛을 달고 소소하고 확실한 행복을 찾아 부안扶安에서 서울까지 짧은 듯 긴긴 여행 하는 동안 일상에서 만났던 발자국들을 한 움큼 두 움큼씩 긁어모아 아주 적고 못생긴 시조 그릇에 담아두었다가 '단시조 선집'이라는 이름을 붙여주어 세상에 선을 보인다.
　시조의 맛과 멋이 가장 함축적으로 표현된 노래의 본령이 단시조(평시조)라 생각했기 때문에 그간 펴냈던 네 권의 시조집에 기거하던 분신들에다 틈틈이 새로 모아온 분신들을 한 가구에 전입신고를 마쳤다.
　앞으로 연시조 선집도 출간 기회가 오기를 기대한다.

그간 상재上梓에 도움을 주신 열린출판 임직원께 진심으로 감사드리고 뜨거운 정과 향기가 듬뿍 담긴 제자題字를 작품으로 남겨 이름을 빛내주신 서예가, (사) 한국캘리그라피창작협회 회원 및 의대 교수이신 한밝 정한영 박사 그리고 예쁘고 정성스러운 표지화表紙畵로 누옥을 단장해준 정형재활의학전문의께도 감사드린다.

독자님들께 진심으로 감사드립니다.

2022년 잘 여문 가을에
서울 고덕산 삼소재三笑齋에서
인당仁堂 정진상鄭鎭相

■ 차례

■ 단시조 선집을 내면서 ·············· 5

1부 아기가 낳은 부모

아기가 낳은 부모 ·············· 17
부부 ·············· 18
울타리 ·············· 19
친구보다 먼 친구 ·············· 20
철없는 홍매화 ·············· 21
호박꽃 ·············· 22
시어머니 부지깽이 ·············· 23
어느 게으름뱅이 ·············· 24
상처보다 깊은 상처 ·············· 25
깎다 ·············· 26
그리움·1 ·············· 27
불면 ·············· 28
비문증飛蚊症 ·············· 29
신발장을 바라보며 ·············· 30
행복 ·············· 31
예쁘고 미쁜 소리 ·············· 32

수필 쓰기	33
씨를 뿌리다	34
내 손주들·1	35
연탄	36
벽에 걸린 웃음	37
거울의 예쁜 잔소리	38
고교 사진	39
나른한 오후	40
손자의 입학식 날	41

2부 내 손주들

내 손주들	45
가을을 쓸며	46
다듬이질	47
라일락	48
늦가을 애상哀傷	49
고향에 찾아가니	50
노인	51
고향 친구 만나보니	52
뚝배기 국밥	53
내 거울	54
베개는 외롭다	55

사이클링(cycling) ·············· 56
낮잠 ·············· 57
이석증耳石症 ·············· 58
반가운 손님 ·············· 59
그리움 ·············· 60
살쪄가는 옷 ·············· 61
이명耳鳴 ·············· 62
준령峻嶺 ·············· 63
붓을 드니 ·············· 64
반딧불이 축제 ·············· 65
호된 신고식 ·············· 66
시상詩想 ·············· 67
아기가 숨어 있다 ·············· 68
취한 해장국 ·············· 69
모과주 ·············· 70
심증만 있는 도둑 ·············· 71

3부 딱지치기

딱지치기 ·············· 75
무지개 ·············· 76
그믐달 ·············· 77
꽃병 ·············· 78

잉태한 달 ················· 79
꽃샘추위 ················· 80
개나리꽃·2 ··············· 81
딱따구리 ················· 82
경칩절驚蟄節 개구리 ······· 83
조팝나무꽃 ··············· 84
아카시아꽃·2 ············· 85
보름달 ··················· 86
매미 ····················· 87
입추立秋 ················· 88
처서處暑 문턱에서 ········ 89
첫눈 ····················· 90
겨울 산 ·················· 91
봄바람 ··················· 92
담장의 덩굴장미 ·········· 93
진달래꽃 ················· 94
보름달·1 ················· 95
창밖의 이팝꽃 ············ 96
늦가을 달밤 ·············· 97
춘설春雪 ················· 98
개나리꽃·1 ··············· 99
봄비 묻은 대지 ··········· 100
가을을 여는 밤[栗] ········ 101

복숭아 ··· 102
낙엽을 보내며 ···································· 103
월악산 단풍 ·· 104

4부 벚꽃 만개滿開

벚꽃 만개滿開 ······································· 107
허리 각도 ·· 108
공회전空回轉 ·· 109
쏟아져버린 별들 ································· 110
골다공증 ··· 111
압력밥솥·1 ··· 112
늦가을 풍경 ·· 113
베트남 동당역 ···································· 114
말조심 ··· 115
취한 퇴근길 ·· 116
성장통成長痛 ·· 117
얄미운 축제 ·· 118
전철 의자 ·· 119
유목민, 벌꿀 ······································· 120
철든 강철鋼鐵 ······································ 121
말 잔치 ··· 122
제비 인사人事 ······································ 123

봄은 온다 ············· 124
어느 회장 ············· 125
입씨름 ··············· 126
비빔밥 ··············· 127
세계 경제 ············· 128
여의도 참새들 ········· 129
오금 저리는 소나무 ····· 130
또 금 ················ 131
깎고, 깎고 또 깎다 ····· 132
세상인심 ············· 133

5부 강철 조각들의 함성

강철 조각들의 함성 ····· 137
이글거리는 태양 ······· 138
새는 나라 살림 ········ 139
초승달·1 ············· 140
고장 난 저울 ·········· 141
바가지 ··············· 142
입 벌린 소나무 ········ 143
헛바람 ··············· 144
냄비 ················· 145
꽈배기 ··············· 146

개미 떼 ···································· 147
반면교사反面教師 ···························· 148
날씨 걱정 ···································· 149
밤송이 ·· 150
빨래 ··· 151
법法꾸라지 ·································· 152
은행 털기 ···································· 153
용광로 ·· 154
낙엽 ··· 155
머리에 핀 꽃 ································ 156
황혼연설黃昏演說 ···························· 157
어느 정치꾼 ································ 158
손가락 수다 ································ 159
세상사 ·· 160
압력밥솥·2 ·································· 161

6부 소소한 행복을 찾아서

소소한 행복을 찾아서 ···················· 165
백마강 속내 ································ 166
임진강 황포돛배 ·························· 167
조류인플루엔자 ···························· 168
통일전망대의 짝사랑 ···················· 169

계곡에 빠진 복伏더위 ········· 170
청학동 ········· 171
가로수 이팝꽃 ········· 172
정처 없는 바람 ········· 173
진고개 ········· 174
월정사 전나무숲길 ········· 175
홍도 깃대봉 ········· 176
장승포비치호텔에서 ········· 177
밥상 위 보약 한 첩 ········· 178
척수손상 ········· 179
나의 작은 소망所望 ········· 180
청학동 서당書堂 닭 ········· 181
비자림 숲 ········· 182
땅굴 유감 ········· 183
설악산 단풍 ········· 184
고향의 하얀 슬픔 ········· 185
울릉도 읍내 길 ········· 186

1부 아기가 낳은 부모

　기발하고 놀라운 통찰력이다. 누구나 당연히 부모가 아이를 낳는 것만 생각하지, 아이가 태어남으로써 부모가 탄생한다는 것은 그냥 지나친다. 늘 남들이 보지 못하는 곳, 그러나 곧 이해가 가는 것들에 대한 발견과 깨달음이, 시 창작의 기본 요소이다. '낯설게 하기', '새롭게 하기'에 다름 아니다. 아무도 경험하지 않은 세계에 대한 창조이기 때문이다. 창조라는 것이 거창한 것이 아니다. 이러한 것을 관찰과 통찰을 통하여 발견하고 상상을 덧붙여서 표현하는 것이 바로 예술로서의 시조 창작이다. 그 사람 아니면 할 수 없는 것을 그 사람만의 언어로 표현하는 것이야말로 참 예술이요 진정한 시인의 길이다.

-평설 중에서

아기가 낳은 부모

탯줄에 매달린 채
우주로 툭! 떨어져

두 주먹 불끈 쥐고 목청껏 소리치며

'아기가 엄마 아빠를
한날한시 낳았단다.'

부부

바늘에 실을 꿰니
앞뒤 서며 한길 가고

웃음 조각 눈물 조각 애면글면 꿰매노니

수틀 위 조각보에는
병두련竝頭蓮*이 활짝 핀다.

*병두련: 한 줄기에 두 송이의 꽃이 나란히 피는 연꽃을 말하며 금실이 좋은 부부를 비유적으로 이르는 말

울타리

초가집 울타리만
울타린 줄 알았는데

일터를 하직하니
연금이 빵을 굽고

세월이 아파 누우니
자식 등에 업힌다.

친구보다 먼 친구

고향 친구 전화 거니
이름만 거기 살고

그 속에 숨어 있던 코흘리갠 간 곳 없네

흘러간 반백 년 세월
풍화작용 아프다.

철없는 홍매화

그리도 급했는가, 까치발 딛고 서서

봄빛을 엿보다가
눈雪 속에 붉힌 얼굴

열여섯 사랑에 들킨
처녀 얼굴 같아라.

호박꽃

땡볕에 피워내는
넉넉한 당신 웃음

길손이 찾아들어
앵 앵 앵 떼를 쓰면

꿀단지 얼른 내줬지,
자애로운 울 어머니.

시어머니 부지깽이

보릿고개 넘으려고
부지깽이 뛰던 세월

아궁이 불 지피며 장단도 치던 열채

때때로 며느리에겐
훈장님의 회초리다.

어느 게으름뱅이

침대는 허리 잡고
끙 끙 끙 매달리고

탁자 위 바보상자
같이 놀자 쫑알대니

이럴 땐 져 주는 거야
알면서도 져야 해.

상처보다 깊은 상처

연필 깎다 벤 손가락
보름이면 아물던데

선생님이 '너 박치야!' 허투루 하신 말씀

마음을 깊게 베인 듯
평생토록 음치다.

깎다

헙수룩한 노인네를
이용원이 모셔다가

머리를 깎으면서
나이테도 깎아낸 듯

거울은 노인을 보자
여남은 살 더 깎는다.

그리움·1

휘영청 밝은 달이
골목길을 찾아내자

가신 임 오시려나 발소리 줍다 보니

문턱은 다 닳아가고
내 시계만 꾸물대네.

불면

어느 날 느닷없이
들이닥쳐 사람 잡네

온밤을 앗아가니 베개 하나 눌 틈 없고

'밤'이란 말만 들어도
몸에 소름 돋는다.

비문증*飛蚊症

시력도 기억력도
비정하게 떠나는데

의리의 모기, 파리
눈 속으로 날아들어

황혼 녘 외롭지 말라고
춤을 추어 주겠대.

* 비문증: 안구의 유리체가 혼탁하거나 안저출혈眼底出血 따위로 눈앞에 물체가 날아다니는 듯이 보이는 증상. 밝은 하늘이나 흰 면을 보았을 때 시야에 희미하게 모기와 같은 것이 보이며, 시선을 움직이면 이동하는 것처럼 느껴진다.

신발장을 바라보며

철없던 파란 구두
땀에 찌든 빨간 구두

빛바랜 하얀 구두
쭈글쭈글 늙은 구두

한평생
내 이력서를 너희들이 다 썼군.

행복

지구촌 구석구석
두 눈에 불을 켜고

한평생 허구한 날
널 찾아 헤맸는데

문 걸고 숨어 있었군,
마음 곳간 뒤주 속에.

예쁘고 미쁜 소리

아파트 놀이터는
아이들 세상이다

킥보드 깔깔대고 자전거는 웃음 싣고

확성기 틀어놓은 듯
놀이터가 고함친다.

수필 쓰기

추억의 보따리를 붓으로 뒤져 보니

쌓였던 사연들이
우르르 쏟아지고

숨었던 깨복쟁이들 깔깔 소리 널 뛴다.

씨를 뿌리다

인생은 뿌린 대로 거둔다고 하더니만

내 머리 희끗희끗
정신도 깜빡깜빡

네 짓이 분명하구나,
세월 네가 뿌렸지.

내 손주들·1

재롱을 보따리 채
끙 끙 끙 매고 와서

안기며 세배하며
보따리 풀어 놓자

웃음보 터져버렸나,
세뱃돈은 껄껄껄.

연탄

온몸을 새까맣게
한평생 분칠하고

당신 몸 활활 태워
남 냉골 녹여주던

아궁이 연탄불처럼 뜨거웠던 울 아버지.

벽에 걸린 웃음

액자 속 손주들이
입꼬리 귀에 거니

봄바람 불어오네,
겨울에도 불어와서

꽁꽁 언 나의 가슴
사시장철 꽃핀다.

거울의 예쁜 잔소리

넥타이 잘못 맸어요,
윗도리 안 어울려요

오늘도 나들이 전
거울의 잔소린 양

앞에서 챙기고 있는
집사람의 정성이다.

고교 사진

세월에 빗장 거니
시계도 따라서고

교정에 갇혀있는 교복들 그대론데

짊어진 가방 속에선
푸른 꿈만 늙어간다.

나른한 오후

하품이 졸라대니
벌린 입 또 벌리네

마음은 아침부터 이웃에 마실 가고

몸뚱이 혼자 남아서
반나절을 자질한다.

손자의 입학식 날

오늘의 이 기쁨을
청룡靑龍무늬 비단에 싸

마음 곳간 깊은 곳에
차곡차곡 쌓아두고

생각이
혼자 놀 때면
꺼내 보고 또 보자.

2부 내 손주들

　손주들이 뒤엉켜 뒹굴며 곰실곰실 즐겁게 놀고 있다. 그냥 예쁘고 귀여운 강아지처럼 느껴진다. 당사자인 손주들도 즐겁지만, 옆에서 바라보는 할아버지는 또 다른 차원에서 귀엽고 대견함으로 가슴 가득 차오르는 환희가 있다. 이 작품의 여기저기에 슬쩍 은유와 활유로 변화를 주는 것은 시인의 작은 센스들이다.

평설 중에서

내 손주들

강아지 형제들이
뒤엉켜 뛰고 있다

웃음도 덩달아서
뒹굴고 얼싸안고

행복이 배꼽을 쥐고
떼굴떼굴 구른다.

가을을 쓸며

낙엽을 쓸어내며 아픈 추억 쓸어낸다

섭섭함이 묻어있어 구겨 놨던 마음 조각

그마저
쓸어버리니 맘 마당엔 꽃이 핀다.

다듬이질

휘영청 달이 밝아
소쩍새 구슬피 울면

가난을 두들겨 펴던
다듬이 설운 장단

또드락
한 맺힌 가락 어머니의 한풀이다.

라일락

황사며 미세먼지
하늘마저 찡그려도

마스크도 쓰지 않고 그 자리 지키면서

평생을 활짝 웃으며
향기 뿜는 내 아내.

늦가을 애상哀傷
-후배를 보내며

노을 녘 찬바람에
낙엽이 흩날리자

새파랗던 잎새들도
떨켜를 만들더니

뚜욱 뚝 떨어져 간다,
추억 한 줌 흩뿌리며.

고향에 찾아가니

키 작던 마을회관 언제 이리 자랐는고

높았던 뒷동산은
발아래 엎드리고

굽은 등
허리에 지고 깨복쟁이 마중한다.

노인

헝클어진 모시 바구니
골 파인 쪼그랑 가면

휜 허리 황새낫과
갈퀴손에 지팡이들

세월이 녹슨 고물古物로
만물상萬物商을 차렸군.

고향 친구 만나보니

'기둥도 서까래도
휘어지고 삭았겠지,

지붕도 날아가고
흐린 창만 걸렸겠지?'

세월이 비껴갔나 봐 고향 집들 멀쩡하네.

뚝배기 국밥

읍 장터 한구석에
옹색한 국말이 집

할머니 인심 좋아 뚝배기 안다미로*

모자가 나란히 앉아
뜨건 행복 먹는다.

*안다미로: 담은 것이 그릇에 넘치도록 많이.

내 거울

내 몸짓 하나하나 따라 하는 착한 심성

웃으면 따라 웃고
손뼉 치면 같이 치고

주름살 하나까지도 닮아가는 아내다.

베개는 외롭다

안방의 침대에는
베개 둘이 함께 잔다

어제는 오손도손 오늘은 쓸쓸하네

세월이 떼어놓으니
용뺄 재주 있던가.

사이클링(cycling)

어제 산 자전거는
날렵한 물 찬 제비

탁 트인 자전거길 페달은 헉헉대나

가로수 뒤따라오며 콧노래를 부른다.

낮잠

힘 솟는 활력소지,
비타민이 바로 너야

혀끝이 톡톡 튀는 꿀처럼 달콤한 맛

이따금 낮에 찾아와
허리춤에 매달린다.

이석증耳石症*

숨겼던 보석 조각 실수로 빠트린 듯

진종일 찾느라고
온 집안 들쑤시니

세상이 어지럽구나,
나도 따라 빙빙 돈다.

* 이석증: 귓속 전정기관 안에 있어야 할 이석耳石 조각이 떨어져 나와 귓속 평형기관인 반고리관으로 잘못 들어가 자극하여 어지럼증이 나타나는 질환이다.

반가운 손님

시집간 막내딸의
등에 업힌 강아지들

꿈속에서 자주 보는
추억 속 깨복쟁이

큰창자 비집고 나온
수술 후에 가죽 피리.

그리움

멀면 멀어질수록
너 더욱 다가오며

휘영청 달 밝으면
네 모습 더 또렷하고

휘감긴 나이테만큼
네 몸무겐 더 는다.

살쪄가는 옷

겨울엔 먹는 것이
옷으로만 가는 건지

한 주만 지나가도 한두 겹씩 살이 찐다

겨울옷 오겹살처럼
배 둘레만 키운다.

이명耳鳴

무대 찾아 귓속으로
매미들 숨어든 듯

열두 달 주야장천晝夜長川
목청 돋워 노래하니

주치의主治醫 매미채 들고
귓속으로 달려간다.

준령峻嶺

등산 장비 하나 없이
산행지식 백치白痴인데

실수로 뛰어들어
허위 넘는 험산준령險山峻嶺

기어서 오르더라도
넘고 싶다, 시조 고개.

붓을 드니

추억의 실타래를 더듬더듬 찾아내어

감긴 만큼 풀어내자
시골길 앞장서고

숨었던 코흘리개들
코 훔치며 나온다.

반딧불이 축제

천상의 별님들이
지상으로 내려와서

한여름 그믐밤을
반짝반짝 수놓으며

향학열 불타던 차윤*
못 잊어서 찾고 있나.

*차윤車胤: 중국 동진 때 이부상서를 지낸 사람으로 가난하여 초롱불 기름을 사지 못해 반딧불이를 모아 그 빛으로 서책을 읽었다 함.

호된 신고식
-문단文壇

물설고 낯선 땅에
붓 하나 찾아 나서

문필봉文筆峰* 높디높아 갈수록 가시밭길

발목은 시고 아픈데
장차 갈길 구만리다.

* 문필봉: 붓처럼 뾰족하게 생겼다 하여 붙여진 이름으로 풍수지리적으로는 이 기운을 받으면 대학자나 문인이 나온다는 봉우리.

시상詩想

어제는 파릇파릇
새싹도 돋았는데

오늘은 이파리며 줄기까지 시들시들

안되네, 살려야 하네,
물도 주고 정도 주며.

아기가 숨어 있다

세월에 친친 감긴
당당했던 할아버지

목에선 응애 소리 걸음은 뒤뚱뒤뚱

아기가 걸어 나온다,
할아버지 몸에서.

취한 해장국

소나기 퍼붓듯이
술 폭탄 세례받고

술독에 푹! 빠졌다
명줄 잡고 살아나니

떠 넣은 해장국마저
비틀 배틀 넘어간다.

모과주

꾀꼬리 피부에다 품은 향은 군자인데

울퉁불퉁 생긴 얼굴
거울은 괴로워서

술독에 빠지고 싶어
술이 되어 버렸다.

심증만 있는 도둑

유월六月이 되자마자
지구촌을 달궈대니

반소매 반바지가 저잣거리 활보한다

옷소매 바짓가랑이
유월 네가 훔쳤지.

3부 딱지치기

    우리가 어리던 그 시절에는 아이들이 모여서 골목이나 들판이며 산으로 마구 돌아다니며 온갖 놀이를 다 하고 자랐다. 물론 가난했고 농사일을 거들어야 하는 등 여러 가지 여건이 절대 쉽지만은 않았는데도 말이다.
    본문에 아이들은 삼삼오오로 여기저기에서 시끌벅적 딱지치기로 시간 가는 줄 모른다. 지금의 노인들 대부분이 가지고 있는 애틋한 어린 날의 추억거리다. 초장이 발단으로 어린 시절의 놀이로 들뜬 분위기를 개괄적으로 제시한 것이라면, 중장은 개인마다 딱지치기 놀이에 몰입해가는 과정으로 발전한다. 그리고 종장에는 이 시조의 시적인 긴장과 변화와 클라이맥스가 다 모여 있다. 무엇보다도 딱지치기의 구체적 행위가 리얼하게 묘사되어 있다. 마음을 집중하고 힘을 다해 "딱지를 홱 내리친"다는 이 한마디 표현은, 어린 날 딱지치기 놀이에 열중하던 모습은 물론 그 분위기까지 확 불러온다. 순수하고 행복하던 어린 날 전체가 되살아나게 하는 힘이 느껴진다. 그야말로 "유년"의 감각적 재현이요 재생이 아닐 수 없다. 정 시인이 아니고 시조에서 누가 이처럼 생동감 있는 표현을 할 엄두를 내겠는가!   -평설 중에서

딱지치기

애들이 삼삼오오
뛰놀며 시끌벅적

손마다 놀이딱지 얼굴에는 장난기가

유년을 홱 내리치는
내 손에는 추억이.

무지개

소나기 난타 치며
말달리듯 가신 후에

햇빛이 들고나온
비단 한 필 끝자락을

중천에 널어놓은 듯
포물선을 그린다.

그믐달

뚫렸군! 또 뚫렸어!
피익 픽! 새는 구멍

바람이 빠져가네
날마다 빠지더니

마침내 거죽만 남네,
빵빵했던 보름달.

꽃병

안방에 달항아리
허기져서 입 벌렸나

겨우내 굶주린 듯 얼굴도 창백하다

입춘立春이 담 넘어오면
봄을 꺾어 먹여주마.

잉태한 달

어둑한 그믐밤에
달이 해를 품더니만

나날이 불러오는 저 배를 어이할꼬

보름엔 만삭이 되어
중천으로 떠갈 텐데.

꽃샘추위

우수 경칩 비웃는 듯
앞 강물 얼려놓고

호되게 나무라니 꽃망울들 입 다물고

오는 봄 되돌아갈까,
하마 가슴 졸이네.

개나리꽃 · 2

샛노란 병아리들
겨울잠 자다 말고

양달에 옹기종기 떼지어 모여들어

한바탕 어우러지니
노란 물결 출렁인다.

딱따구리

딱따글 딱따그르르
고요를 두드리자

창고 문 열리더니 보물이 꿈틀꿈틀

자연산 목탁木鐸 소리에
산책길이 놀란다.

경칩절驚蟄節 개구리

늦잠이나 실컷 잘걸
공연히 일찍 깼어

고얀 황사 코로나가 입 코를 막더니만

내 새끼 올챙이까지
마스크를 씌우네.

조팝나무꽃

오뉴월 초여름에
피어난 눈꽃 송이

좁쌀을 튀겨 놨나, 가로등 켜놓았나

노숙자 마음까지도
불 밝힌 듯 환해지리.

아카시아꽃 · 2

꽃 잔치 벌여놓고
동네방네 소문내니

꽃 달린 가지 끝엔 구경꾼 주렁주렁

꿀벌만 청소하느라
허리 펼 틈 없구나.

보름달

구름 뒤에 숨었다가
바람에 들킨 미인

창가를 지나다가 슬며시 넘어오네

매일 밤 살랑 오소서,
뒤설레는 내 침실.

매미

퍼내고 또 퍼내도
솟아나는 샘물인가

불러도 불러대도 끝이 없는 노랫가락

고장 난 축음기로세,
자고 나도 그 노래.

입추立秋

풍성한 햇살 몰고
서늘바람 서둘더니

풋 가을 익는 소리
참새 떼 귀를 쫑긋

임 온단 소식 들었나,
마중 나온 허수아비.

처서處暑 문턱에서

베짱이 등에 업혀
찜통 터널 벗어나니

매미는 목이 쉬고 귀뚜리 울어 쌓고

들녘엔 허수아비가
참새떼를 부른다.

첫눈

새해 처음 보는 얼굴
수줍은 듯 밤에 오네

발소리 들킬까 봐 나비처럼 사뿐사뿐

삐거덕, 새벽 문 열고 은빛 세상 들고 오네.

겨울 산

하얀 이불 덮어주며 추위를 달래주고

마른 젖 빨리면서
애타는 어머니는

깡마른 새끼들 안고 젖 불기만 기다려.

봄바람

갇혔던 봄바람이
빗장을 풀고 나와

시냇가 살얼음을 스르르 녹이더니

새벽잠 코 고는 봄을
흔들어서 깨우네.

담장의 덩굴장미

담 안에 갇혀있어
가슴이 답답한 듯

까치발 딛고 서서 바깥을 엿보다가

기어이 담장에 올라
웃음보가 터진다.

진달래꽃

봄이면 산허리에
한 포기 불씨 하나

봄바람 풀무질로 여기저기 불똥 튀어

온 산이 활활 타는데
구경꾼만 모이네.

보름달 · 1

초저녁에 냅다 찬 공
하늘 높이 날아올라

둥두렷이 떠 있다가
새벽녘에 떨어지네

내 킥이 너무 셌나 봐,
퉁퉁 얼굴 부었어!

창밖의 이팝꽃*

첫새벽 창밖에서
집안을 엿보다가

안주인 보자마자 그 시선 훔쳐 가는

막 퍼 논 새하얀 쌀밥
모락모락 김 난다.

*이팝은 이밥(이씨의 쌀밥, 흰 쌀밥을 뜻함)에서 유래한 말

늦가을 달밤

가을이 익어가니 곡간穀間은 넘쳐나고

사색思索은 익을수록 내 마음 텅텅 비니

잘 여문 보름달로나 마음 곳간 채우리.

춘설春雪

소복이 내린 눈이
어린 봄 덮어주며

'이르다, 너무 일러' 나무라듯 타이르니

아이는 웅크린 채로
꼼짝달싹 안 한다.

개나리꽃·1

겨울잠 자다 말고
눈을 뜬 봄바람이

길섶을 칠하느라 파란 붓 휘두르다

철퍼덕! 넘어진 칠 통,
노란 물감 범벅됐네.

봄비 묻은 대지

겨우내 입은 옷을
갈아입지 못한 채로

봄비에 젖더니만 온몸은 파란 얼룩

슬며시 옷고름 풀고
녹색 새 옷 갈아입네.

가을을 여는 밤[栗]

밤꽃의 푸른 꿈이
방문을 꼭꼭 걸고

집안에 틀어박혀 주는 대로 먹더니만

가을을 열고 나온다,
토실토실 살이 쪄서.

복숭아

물오른 열여덟 살
수줍음에 붉힌 얼굴

심장같이 생긴 몸매 속살도 달콤하니

뭇 사내 눈빛 당기는
품고 싶은 여인이여.

낙엽을 보내며

나무마다 가지마다
갈아입은 헌 옷가지

찬바람 파고드니 옷깃을 여미지만

가을이 뚝 뚝 떨어지며
앓는 소리 아프다.

월악산 단풍

계곡에 빠진 가을
오색물감 풀어내니

온 산은 알록달록
무지개 휘감은 듯

등산객 마음속까지
울긋불긋 물든다.

4부 벚꽃 만개滿開

　시조는 비유로 시작해서 비유로 끝내야 한다. 비유가 참신하고 설득력 있을 때 그 작품은 만인의 공감을 받는다. 시조의 구성은 先景後情으로 이루어지는데, 이 작품에서 초장과 중장은 선경에 해당한다. 초장은 계절적 배경이 한겨울이고, 중장은 봄의 문턱에 와 있음을 알려준다. 종장은 선경후정에서 後情에 해당한다. 지은이 자신의 사상이나 감정을 나타내는 핵심적인 대목이다. 기다리고 기다리다 "마침내 뻥뻥 터진다."는 엉뚱한 소리를 했는데, 종장의 특성상 이처럼 엉뚱한 소리를 내는 것은 당연하다. 그리고 자아의 상상력을 동원한 것이다. '뻥뻥 터지다'는 의미는 꽃이 요란스럽게 핀다는 이야기다. 그것을 삼일운동 때의 함성에 비유하였다. 이 작품은 비유법을 잘 써서 성공한 작품이다. 비유법을 잘 썼다는 말은 작품에 함축성이 있다는 의미이다. 거기에 남들이 안 한 이야기를 했으니 새롭다는 참신성을 추가할 수 있다. 이 작품은 뭔가는 다른 면을 보여주었는데 이것을 차별성이라 이야기해도 좋다. 필자는 어느 강연회에서 시 창작의 삼 요소로 함축성, 참신성, 차별성을 든 적이 있는데, 위의 작품 〈벚꽃 만개〉는 시 창작의 삼 요소를 잘 갖춘 우수작품이라 점수를 매겨도 좋을 것이다.

– 평설 중에서

벚꽃 만개滿開

눈바람 몰아치니
마음마다 얼어붙어

겨우내 웅크리며
봄기운 기다리다

마침내 뻥뻥 터진다,
삼일운동 함성처럼.

허리 각도

널린 표 모으느라
허리가 휘청한다

허기져 구걸할 땐
구십 도로 꺾이더니

잔치가 끝나고 나니
배가 불러 못 굽힌다.

공회전空回轉

여의도 쌈꾼들은 헛바퀴만 돌려댄다

미래로 나갈 생각
있는 건지 없는 건지

세월만 태우고 있다,
시동 걸린 차 안에서.

쏟아져버린 별들

석양에 비바람이
장대 들고 휘졌더니

단풍나무 그 아래로
모든 별들 쏟아진 듯

깜깜한 서울 밤하늘
하현달만 외롭네.

골다공증

세월은 정*을 벼려 뼈마다 구멍 뚫고

천안함, 세월호도
뚫린 건 마찬가지

정 소리 듣지 못했네, 뻥뻥 뚫린 이 세상.

*정: 돌에 구멍을 뚫거나 돌을 쪼아서 다듬는, 쇠로 만든 연장. 원뿔형이나 사각형으로 끝이 뾰족하다.

압력밥솥 · 1

솥 속에 갇힌 잡곡
모진 압력, 열 받더니

'더 이상 못 견딘다
이대로는 안 되겠다'

칙칙칙
숨 가쁜 말이 부글부글 끓는다.

늦가을 풍경

벼 이삭 품고 앉아
젖 빨리는 누런 햇살

황금 벌에 초대받은 참새 떼 시끌벅적

바빠진 허수아비는
담배 한 대 피울 틈 없다.

베트남 동당역
-북·미 정상회담

세계의 눈과 귀가 동당에 도착하자

TV가 날개 달고
지구촌 달궈대니

평화를 비는 소원도 하늘까지 쌓인다.

말조심

말들이 혀끝에서
미친 듯 내달리고

의사당 입주자들 말꼬리 잡고 뛴다

뒷발로
탁, 차이기 전에
튀는 말을 조심해.

취한 퇴근길

서산에 부는 바람 이리저리 비틀비틀

태양도 얼큰한 듯
서녘 하늘 시뻘겋고

갈지자之 퇴근길마다 마중 나온 내 대폿집.

성장통成長痛

싸우면 안 되는걸
우리 모두 알면서도

우측이다 좌측이다, 눈만 뜨면 티격태격

애들은 쌈박질하며
자라는 게 일이지.

얄미운 축제

수렁논 개골개골
사태 진 청혼 소리

온 들녘 야단법석 개구리는 축제인데

노총각 한숨 소리만
논두렁을 넘는다.

전철 의자

1.
흰머리 보자마자 의자는 눈을 감고

코 고는 연기 연습 배우들 뺨을 친다

따갑게 쏘는 눈총에 얌체 의자 시리다.

2.
발 디딜 틈도 없는 콩나물 전철인데

지팡이 보자마자 의자가 모셔 간다

따스한 마음 하나로 전철 안은 꽃핀다.

유목민, 벌꿀

먹거리 일자리를
찾아 나선 일꾼들은

손발이 다 닳도록
허리 한번 펼 틈 없이

평생을
떠돌았으나 원룸 한 칸 서럽다.

철든 강철鋼鐵

대장간 대장장이
거친 강철 데려다가

비정한 계모처럼 사정없이 두들기니

매 맞고 정신 차렸네,
허리 굽힌 황새낫.

말 잔치

세 치 혀로 차린 잔치
고을마다 시끌벅적

유세장 모인 귀들 이게 웬 횡재냐며

슬그미 들고 와 보니
빈 껍데기 뿐이네.

제비 인사人事

바람을 거슬러서
낙하산 타고 내려

방향 잃고 길을 찾는
허둥지둥 제비 한 마리

관공서 추녀 밑에 튼
둥지 하나 불안하다.

봄은 온다
-시국時局

겨울이 제아무리 앙탈을 부려대고

꽃샘이 장독대를 꽁꽁 얼려 깨트려도

꽃들이 나비를 시켜
봄을 몰고 옵디다.

어느 회장

쓰는 걸 좋아하니
큰 모자帽子 선물이다

머리에 씌워 보니 눈까지 내리덮어

너무나 큰 것을 쓴 듯
분수分數마저 가리네.

입씨름

샅바를 움켜잡고
밀었다 당겼다가

한 치 앞도 안 보이는
안개 속 샅바싸움

선량들
입 씨름판은 구경꾼만 빡친다.

비빔밥

온 나라 남새들이
모두 나와 얼싸안고

참기름 고추장도
비집고 끼어들어

하나로 어우러지니 밥맛 난다, 이 세상.

세계 경제

위 벽돌 들어다가
아래 벽돌 고여 놓고

아래 벽돌 빼내다가 위 벽돌 위에 쌓는

지구촌 부실 아파트
모래 위의 누각이다.

여의도 참새들

정사政事를 논하는지
해종일 재잘재잘

엎었다 뒤집었다 세상이 어지럽다

입방아 찧고 까불며
귀한 세월 다 날린다.

오금 저리는 소나무
-어느 해운

아슬한 낭떠러지
운무 딛고 촐랑대다

벼랑 끝에 매달려서 오금이 저려온다

가슴을 졸이는 하루
진도바다 또 운다.

또 금

누구나 너를 보면
입맛을 쩍! 다신다

형제간 금이 간 건
모두가 네 탓이래

금金으로 금을 그으니
집家의 문門도 금 간다.

깎고, 깎고 또 깎다

이용원理容院 개업했나,
손님들 줄을 서고

까까머리 많아지니 개종開宗을 생각한 듯

여의도 둥근 지붕을
사원寺院으로 바꾸려나.

세상인심

함박눈 쌓인 듯이
산수국山水菊 화려하나,

벌 나비 모르는 척
눈길 한 번 주지 않네

먹을 것 없는 곳에는
발길마저 끊긴다지.

5부 강철 조각들의 함성

 흔들거리는 여자의 마음은 '갈대와 같다'라고 하지만, 꼿꼿한 선비의 지조는 종종 '대쪽 같다'느니 한다. 대나무가 자연생태 속에서의 올곧은 존재라면, 인간 세계에서 뜨거운 불 속에서 달구어졌다가 실컷 두들겨 맞고 연단鍊鍛되어서 날카로운 날을 세우는 것은 대장간의 강철이다. 이 글에서 때리면 때릴수록 예리한 날을 세우는 것은, 모진 세파와 역경, 그리고 혹독한 수련을 잘 견디어 내고 종국에는 원숙한 승리자의 모습으로 올라서는 인간 존재를 상징하리라. 이처럼 이 글 속에서는 교훈적인 가치나 경구警句의 의미를 함유하고 있으므로 아포리즘(aphorism)의 효과를 톡톡히 거두고 있다. 이 글의 제목이 '강철 조각들의 함성'임을 고려할 때, 아마도 '강철 조각들'은 훈련병이거나 수련생, 또는 핍박받는 끈질긴 민초 들일 수도 있다. 이 글의 주제를 '모진 고난과 역경을 이겨 내야 승리자가 될 수 있다'라고 풀이할 때, 이러한 단시조는 작가가 전달하고 싶은 교훈적 내용을 초·중·종 3장의 범위 안에서 간략하게 효과적으로 잘 표현해낸 예이다.

-평설 중에서

강철 조각들의 함성

컴컴한 대장간에
끌려온 쇳조각들

쩡 쩡 쩡 비명 소리
'칠 테면 쳐보거라'

때리면 때릴수록 더
예리한 날 세우리라.

이글거리는 태양

먹구름 비구름이
하늘을 가려보고

곤봉으로 물대포로
타는 태양 꺼보지만

불길은 잡히지 않네, 민초民草들의 저 함성.

새는 나라 살림

뒤주에 구멍이다
줄 줄 줄 쌀이 샌다

금고도 뚫렸구나
금가루 쏟아진다

구멍에 구멍을 뚫은
집쥐들만 살찐다.

초승달 · 1

하느님도 영어 과외 열풍에 휩싸인 듯

초사흗날 밤하늘에 알파벳(alphabet) 연습하다

시자(C字)를 잘못 쓰셨네, 뒤집어서 쓰셨네.

고장 난 저울
　　-사법부司法府

저울이 고장일까,

양심이 고장일까

황금추黃金錘 올려놓자 그쪽 되레 가벼워져

눈금도 판단까지도

치매인 양 흐려지네.

바가지

귀신도 쫓는다는 바가지 긁는 소리

'수입 적다, 퇴근 늦다'
잔소리 안방 가득

긁어도 또 긁어대도
바가지는 닳지 않네.

입 벌린 소나무*

쿵 쿵 쿵 도끼 소리
이제금 들리는 듯

입 벌리고 항일抗日하는 고통 받은 소나무들

마음에 새겨진 흉터
민족혼을 깨운다.

*일제 강점기 말 송진을 채취해서 항공유航空油로 사용하고자 도끼로 표피에 상처를 낸 소나무로 문경 새재를 비롯해서 전국각지에 산재해 있다.

헛바람

치마폭 갈피 속에
바람을 숨겼다가

태풍처럼 쏟아내니 세상은 뒤죽박죽

거세진 치맛바람에
상아탑이 무너진다.

냄비

불 위에 앉자마자 속까지 끓이면서

게거품 뿜어대며
팔딱팔딱 뛰다가도

엉덩이 떼기만 하면
금방 식는 우리다.

꽈배기

천성이 꼬였을까,
외모를 닮았을까

내뱉는 말끝마다 비틀리고 꼬여 있다

여의도 선량選良들처럼
비비 꼬며 살겠대.

개미 떼

실정失政으로 뛰쳐나온
촛불시위 함성일까,

노사갈등 깊어져서
띠 두른 노동잘까

세종로 시청 앞에서 흔히 보는 군중이다.

반면교사反面教師

빨간불 정지신호
안 본 건지, 못 본 건지

쏜살같이 내달리던 자동차의 비명 소리

감은 눈, 한번 감은 눈
두 번 다시 못 뜨네.

날씨 걱정

북풍이 미친 듯이
먹구름 몰고 오니

미세美勢먼지, 적색赤色황사, 왜풍倭風까지 끼어들어

번개 칼 번쩍! 휘둘러
날벼락을 치려는가.

밤송이

고슴도치 닮은 몸매
가시 돋친 그의 성격

손만 대도 톡톡 쏘며
앙탈을 부리지만

가슴팍 열어젖히니 속마음은 보석 덩이.

빨래
-어느 관료官僚

겉으론 반지르르
화려한 옷가진데

통 안에 구겨 넣자
부걱부걱 거품 무네

에그나!
빨면 빨수록 구정물이 더 나와.

법法꾸라지*
-어느 율사律士

미끈한 너의 몸매
하는 짓도 빤지르르

잡으려면 피해 가고 걸려도 빠져나가

촘촘히 쳐놓은 그물
그마저도 뛰어넘네.

*법꾸라지: 법관과 미꾸라지의 합성어.

은행 털기

대낮에 노상에서 은행을 털고 있다

우수수 황금알이
빈 곳간 채우지만

전신에 구역질 냄새, 황금 욕심 좆값인걸.

용광로

녹슨 철 모두 모아
노爐에서 녹여내듯

우리네 꼬인 펜도
날 세운 비수들도

관공서 고철과 함께
녹여내자, 정철正鐵로.

낙엽

   -기부 천사

바람이 덜덜 떨며

나무를 붙들고서

오색 옷 벗어 달라 흔들며 애걸하니

나눔이 몸에 배었나,

홀랑홀랑 벗는다.

머리에 핀 꽃
-어느 율사律士

들고 있는 저울에는
비지땀이 송골송골

헤어롤(hair roll)이 서두르다
머리카락 휘어잡네

얼마나 아름다운가,
머리에 핀 어사화!

황혼연설黃昏演說*

세월이 상토床土처럼 쌓이고 쌓이더니

하 많은 말의 씨들
무성히 싹을 틔워

말수가 적던 이들도
그예 참새 되시네.

* 황혼연설: 노인의 잔소리를 속되게 이르는 말

어느 정치꾼

생쥐 떼 귀를 쫑긋,
철새 떼 이리저리

쇠심줄 잡수셨나 질기기도 질기구나

죄 없는 세상 주름만
후벼 파는 밉상이다.

손가락 수다

옆방이 시끄러워
슬그니 엿보자니

손가락 줄을 서서
북새통 떨더니만

문자가 타작마당에
콩 튀듯이 쏟아진다.

세상사

비 오면 소금 울고
우산은 얼굴 펴고

쨍하면 소금 웃고 우산은 찌푸리고

세상사 요지경 속이다,
네가 울면 내가 웃고.

압력밥솥·2

한국의 학교들은
학생들의 필수 지옥

온종일 가방 속에 애들을 가둬 놓고

수능修能이 윽박지르니
폭발할 듯 칙칙댄다.

6부 소소한 행복을 찾아서

    소소하고 확실한 행복小確幸을 찾아 부안扶安에서 서울까지 짧은 듯 긴긴 여행을 하다가 가방끈이 짧아 익산益山에서, 서울에서 끈을 늘려 주고 볼 일이 생기면 충주忠州에서 몇 날을 보내기도 했지만 가는 길은 순풍에 돛을 달았다. 동행한 추억들을 하나하나 정성껏 주워 가며 행복했고 일상에서 만났던 발자국들을 한 움큼 두 움큼씩 모아서 아주 적고 못생긴 시조 그릇에 담아 두었다가 '단시조 선집'이라 이름을 붙여주어 세상에 선을 보이기로 했다.
    감사한 일이다.

'단시조 선집을 내면서' 중에서

소소한 행복을 찾아서

부안扶安에서 서울까지
짧은 듯 긴긴 여행

동행한 발자국들
추억 속에 담았다가

일일이 꺼내어보니
소확행小確幸*이 줄을 서네.

*소확행: '소소하지만 확실한 행복'의 줄인 말

백마강 속내

낙화암 품은 속은 갈가리 찢기는데

겉으론 유유자적,
아무 일도 없다는 듯

꽃잎이 또 떨어질라
부소산을 맴도네.

임진강 황포돛배

강물은 세월처럼
붙잡아도 잘도 가고

갈매기 물고기는 검문 없이 오가는데

돛배야, 유독 네 발만
사상思想 덫에 걸렸구나.

조류인플루엔자

천사처럼 날개 달고
먼 하늘 날아왔다

쓴 가면 벗겨 보니
새들의 저승사자

곡소리 땅에 묻지만
곡소리는 죽지 않네.

통일전망대의 짝사랑

사상思想이 담을 쌓고
억지로 떼놓으니

보고파 먼발치서 애간장 태우지만

우리 집 식솔들처럼 고운 정만 쌓인다.

계곡에 빠진 복伏더위

찜통더위 피하려고
숲속에 숨었다가

들이닥친 골바람에
그만 들켜 쫓기면서

계곡*에
풍덩 빠지자 덜덜 떤다, 복더위.

* 충북 제천시 한수면 송계리 월악산 만수계곡

청학동

현대를 호흡하며 옛날을 살고 있다

양복에 구두 신고 갓망건 고집하니

오늘도 동네 개들은 천자문만 읊는다.

가로수 이팝꽃*

허기를 달래가며
이천** 쪽 가다 보면

길가에 줄을 서서 손짓하는 쌀밥 집들

앞다퉈 막 퍼 논 쌀밥
모락모락 김 난다.

* 이팝꽃: 이팝은 이밥(이 씨의 쌀밥, 흰 쌀밥을 뜻함)에서 유래한 말로 꽃의 모양이 쌀 밥알 같다 하여 부쳐진 이름
** 이천: 경기도 이천시

정처 없는 바람

태양도 빛이 바래
고개 떨군 서녘 하늘

가쁜 숨 몰아쉬며
온종일 달려와서

누울 곳 찾아다니며
기웃댄다, 한 점 바람.

진고개*

구절양장九折羊腸 꼬불꼬불
꼬일 대로 꼬였구나

고개고개 깔딱 고개
허위허위 길도 멀다

인생길 힘겨운 고개
여기 와서 또 넘네.

*강원도 강릉시 연곡면 삼산4리에 있는 오대산 소금강으로 가는 고개

월정사 전나무숲길

길섶에 모두 나와 염불하는 전나무들

물소리 귀에 걸고
파란 공기 코에 대니

한평생 내 안의 티끌
한꺼번에 날린다.

홍도 깃대봉

중천에 펄럭이는
깃발은 안 보이고

계단은 헉헉대며 비지땀 흘리는데

동백꽃 활짝 웃으며
땀을 닦아 줍니다.

장승포비치호텔에서

돋을볕 서성대자
창문을 열었더니

파도 소리 창을 넘어
이불속에 숨어들고

선잠 깬 갈매기들도
재워달라 칭얼대네.

밥상 위 보약 한 첩

상다리 부러지네,
열두 첩 자연 반상

어머니 표 지극 정성
쟁첩*마다 넘쳐나니

밥보**가 한약방인 양
보약 찾아 줄을 서네.

 * 쟁첩: 반찬을 담는 작은 접시
 ** 밥보: 충북 제천시 덕산면에 있는 친환경 음식점

척수손상
-한반도

아이들 불장난에
허리를 다쳤구나

따뜻한 피돌기는 이제금 여전한데

윗몸이 굳어버리니
아랫몸도 뻣뻣해.

나의 작은 소망所望

갈매기 경계 서다,
파도 속 헤집다가

해를 물고 날아와서 가만히 날개 접는

바닷가 거친 파도 속
갯바위가 되고 싶다.

청학동 서당書堂 닭

목울대 키워 키워
아침을 깨우더니

서당 닭 오십 년에
시조창 길게 뽑네

내일은 천자문 읽고
판소리도 부르겠네.

비자림 숲*

비자성씨榧子姓氏 집성촌에
누구든 찾아가면

양산 들고 마중하며 피톤치드 대접하네

명문가名門家 식솔들처럼
예의범절 바르다.

* 제주시 구좌읍 평대리 일대에 수령 수백 년 된 비자나무 숲
  인데 천연기념물로 지정 보호되고 있다

땅굴 유감

육지의 두더지들
울릉도로 다 모였나

발길이 닿는 곳엔 영락없이 땅굴이다

자연을 뚫고 뚫어야
황금알이 보인대.

설악산 단풍

설악雪嶽에서 오색물감
바겐세일 한다기에

첫새벽 달려가니 백화점 문전門前 같네

흰옷에 물감이 될라
마냥 가슴 졸였네.

고향의 하얀 슬픔

골목길 옛 주인이
백발로 찾아드니

뽀얀 숨 멈춰버린
그을린 굴뚝 하나

목련꽃 혼자 웃다가
하얀 눈물 흩뿌린다.

울릉도 읍내 길

좁다란 골목길이
올라갔다 내려갔다

우측으로 좌측으로 휘감고 되감기고

그물을 펼쳐놓았나,
물고기도 피해 간다.

소소한 행복을 찾아서

1판 1쇄 발행 2022년 11월 15일

지은이 | 정 진 상
펴낸곳 | 열린출판
등록 | 제 307-2019-14호
주소 | 서울특별시 서대문구 통일로 48길 13, 201호
전화 | 02-6953-0442
팩스 | 02-6455-5795
전자우편 | open2019@daum.net
디자인 | SEED디자인
인쇄 | 삼양프로세스

ⓒ 정진상, 2022
ISBN 979-11-91201-32-1 03810

*책값은 뒤표지에 표시되어 있습니다.
*저자와 협의하여 인지를 생략합니다.